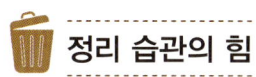

정리 습관의 힘

버리고 나누고 채워라!

끼리끼리 착착착!

글 정경자·박수경 그림 이현주

다흘미디어

작가의 말

정리 정돈 습관,
혼자서도 척척 해내는 자신감을 키워 줘요!

  반복해서 익숙해진 행동을 습관이라고 해요. 습관에는 좋은 습관도 있고 나쁜 습관도 있어요. 장난감을 가지고 논 후 제자리에 놓는 것은 좋은 습관이지만 아무 곳에나 놓는 것은 나쁜 습관이라고 할 수 있어요. '세 살 버릇 여든까지 간다.'는 속담 들어 봤지요? 이 말은 어렸을 때 행동이 매우 중요하다는 뜻이에요. 정리하는 습관도 마찬가지예요.
"장난감은 제자리에 놔야지."
"책가방을 또 아무 데나 놓았구나!"
"방 정리 정돈 좀 해라."
  엄마는 늘 이런 잔소리를 하죠? 그때마다 이런 대답을 하진 않나요?
"할 거예요. 지금 말고 나중에요!"
  나중에 하겠다는 말도 자꾸 하면 습관이 돼요. 습관은 행동뿐 아니라 말에서도 생기거든요. 이러다 어른이 되어서도 정리를 제대로 못한다면 창피하지 않을까요? 이제부터라도 정리 정돈 습관을 기르도록 해 보세요. 정리 정돈은 어려운 일도, 힘든 것도 아니에요. 누구든지 할 수 있어요.

 정리가 힘들 때는 생각 정리, 시간 정리, 공간 정리 순서로 진행해 보세요. 가장 먼저 '나도 정리를 할 수 있어.'라는 생각 정리를 하고, '○○ 때 정리를 할 거야.'라는 시간 정리를 한 후, 그 시간에 정리를 시작하는 거예요. '버리고 나누고 채워라! 끼리끼리, 착착착!' 정리 마법에 따라서요.

 이 책은 물건들을 아무 데나 널어놓고, 장난감을 사서 금세 팽개치는 찰리를 통해 정리가 왜 필요한지, 정리를 어떻게 해야 하는지 일깨워 주는 동화예요. 어느 날 갑자기 몸이 줄어든 찰리는 아무 데나 버려 두었던 장난감들이 힘들어하는 모습을 보고, 정리 마법사 코니의 도움을 받아 정리 정돈을 하게 돼요. 친구들이 놀아 주지 않으면 마음이 아프고 슬프듯이 장난감이나 물건도 사랑받고 싶어 하고, 편히 쉴 수 있는 깨끗한 자리를 갖고 싶어 한다는 것을 깨달은 거지요.

 정리 정돈은 사소한 일에서 시작됩니다. 옷은 옷걸이에, 연필은 연필꽂이에 그리고 책은 책꽂이에……. 이런 작은 시작이 혼자서도 척척 해내는 자신감을 갖게 하고, 문제를 스스로 해결하는 능력을 키워 주며, 좋은 습관을 길러 줄 거예요. 귀찮아서, 하기 싫어서 자꾸 미루던 정리 정돈을 지금부터 시작해 보세요. 이것이 습관이 되어 여러분의 미래에 마법 같은 큰 힘이 되어 주리라 믿어요.

차례

번개가 번쩍 하던 날	8
장난감이 살아 있다!	10
이게 다 찰리 때문이야!	14
이게 웬 난장판?	18
뭐가 잘못된 거지?	22
하나, 둘, 셋, 뛰어!	27
안 돼! 위험해!	30
우릴 기억해?	34

이 방에서 벗어나고 싶어! ……… 42

모두 바로잡을게! ……… 44

우리가 지켜 줄게! ……… 48

찰리에게 손대지 마! ……… 52

마법의 여전사, 코니! ……… 56

마법같은 정리 권법 ……… 60

최고수 정리 유단자 ……… 70

누구세요? ……… 77

캐릭터 소개

찰리
장난감을 자주 사고는 금세 싫증을 내 팽개치며, 정리 정돈을 못하여 방을 늘 어질러 놓는 9살 초등학생 남자아이.
엄청난 모험을 겪고 정리 권법을 터득하게 된다.

코니
여전사 인형. 히어로 영화 주인공 중 한 명으로 다양한 무술과 권법의 유단자이다. 찰리가 위험에 빠졌을 때 고수의 정리 권법으로 큰 도움을 준다.

킬킬
변신 전사 로봇(카봇 같은 스타일). 한때 찰리의 사랑을 독차지 했으나 새로운 장난감으로 인해 버림받고 그 화를 힘없는 장난감들에게 풀고 다닌다. 장난감 친구들은 그를 무법자라 부른다.

티로
찰리가 어렸을 때 늘 품에 끼고 다녔던 공룡 장난감. 킬킬이 오면서 버려지자 킬킬을 미워했지만 킬킬도 찰리에게 버림 받은 후 한 팀이 되어 장난감 친구들을 괴롭히고 다닌다.

푸쉭

장난감 스포츠카. 산 지 얼마 안 돼 바퀴 하나가 빠져서 푸쉭이라 불리며 버려졌다. 세 개의 바퀴로 위태위태하게 장난감 나라를 휘젓고 다니는 매우 위험한 친구이다.

포포

찰리가 아기였을 때, 잠잘 때마다 안고 잤던 아기 곰 인형. 찰리에 대한 좋은 기억을 가지고 있다.

바우

줄이 있고 바퀴가 달려 끌고 다닐 수 있는 플라스틱 인형. 찰리가 걸음마할 때 늘 함께했던 강아지 인형. 역시 찰리에 대한 좋은 기억을 간직하고 있다.

그 외의 장난감 친구들

엄마

번개가 번쩍 하던 날

"찰리야, 방이 이게 뭐니? 발을 디딜 수가 없잖아! 제발 정리 좀 해!"

매일 밤마다 찰리네 집에서 들리는 소리예요. 하루도 빠짐없이 날마다 들리죠. 그런데 찰리의 대답도 매일 거의 같아요.

"찰리야, 책상 좀 정리해! 내일 학교 갈 가방은 다 챙기고 노는 거니?"

"엄마, 조금 이따 할게요."

"아니! 이 장난감들 좀 봐, 정말 난장판이구나!"

"조금 더 놀고 이따가 정리할게요."

"벗은 옷이랑 새 옷이 다 섞여 있네? 제자리에 있는 게 하나도 없어! 제발 정리 좀 하라고!"

"알았어요, 엄마. 할 거예요. 한다고요! 지금 말고 조금 이따가 할게요."

옆집 강아지 해피는 찰리 엄마의 끊임없는 잔소리와 찰리의 이따 한다는 소리가 계속 들리면 '이제 잘 시간이구나.' 하고 집으로 들어가요. 이웃집 모리 아저씨도, 아줌마도 창문을 닫고 커튼을 내리고 잘 준비를 하지요. 고개를 절레절레 흔들면서 말이에요.

늘 그렇듯 언제나 지저분한 찰리의 방, 언제나 똑같은 엄마의 잔소리, 그리고 마치 앵무새처럼 똑같이 반복적인 찰리의 대답. 이렇게 날마다 똑같은 일상이 반복되던 어느 날, 찰리에게 놀라운 일이 벌어졌어요. 그날은 비도 오지 않는 맑은 하늘에 번개가 번쩍 내리친 날이었죠.

찰리가 작아졌어요! 장난감만큼.

장난감이 살아 있다!

'이게 어떻게 된 일이야?'

처음에 찰리는 머리가 조금 아파서 두 다리 사이에 얼굴을 파묻고 가만히 앉아 있었어요. 그리고 잠시 후, 조심스럽게 고개를 들어 주변을 둘러보았죠. 분명히 자기 방인데 뭔가 많이 달랐어요. 천장이 너무 높았고, 방이 엄청나게 넓었어요. 마치 학교 운동장 같았죠. 침대에서 내려오려던 찰리는 놀라서 흠칫 멈췄어요. 찰리의 침대는 몸을 휙 돌리기만 하면 다리가 바닥에 닿는 작은 침대였어요. 그런데 지금은 아무리 몸을 돌려도 이불 사이에서 다리만 허우적댔어요. 빠져나오려 애를 써도 이불을 휘젓기만 할 뿐이었어요.

그때, 침대 아래에서 뭔가 시끌벅적한 소리가 들렸어요. 굉장히 복잡하고 시끄러운 소리였어요. 자동차 경적 소리, 바퀴 굴러가는 소리, 부딪치는 소리, 싸우는 소리……. 무슨 소리일까 너무 궁금해 찰리는 몸을 겨우겨우 옆으로 옮겨 아래를 내려다보았어요. 그리고 너무 놀라 '헉!' 하며 뒤로 물러났죠.

'이건 꿈이야. 내가 꿈을 꾸고 있는 거야. 그런데 너무 생생한걸!'

찰리는 자기도 모르게 팔뚝을 꼬집어 보았어요.

"아얏!"

소리가 날 만큼 아팠어요. 하지만 왠지 소리를 내면 안 될 것 같아 손으로 입을 막았어요.

'이게 꿈이 아니라는 거지? 좋아, 그럼 한 번 더 확인하자!'

찰리는 숨을 크게 쉬고 마음을 가라앉힌 후, 용기를 내서 다시 침대 밑을 내려다보았어요. 아까와 똑같았어요.

장난감들이 살아 움직이고 있었어요!

이게 다 찰리 때문이야!

"저리 가! 여긴 내 자리야! 조용해서 내가 제일 좋아하는 자리라고!"

"오늘은 내가 여기 놓였으니까 내 자리야!"

"어제는 내 자리였다고!"

"알아. 근데 오늘은 내 자리야! 아침에 내가 여기로 떨어지는 거 못 봤어?"

"말도 안 돼! 자리가 만날 바뀌다니!"

"어이구! 이런 일이 뭐 하루 이틀이야?"

"얘들아, 싸움은 저쪽에서 해 주면 안 될까? 너희들 발밑에 내 팔이 껴 있어……."

"비켜, 비켜! 부딪친다!"

"도대체 왜 이리로 다니는 거야?"

"그야 내 맘이지. 난 어디든 맘대로 다닐 거야! 그런데 넌 왜 여기서 길을 막고 있는 거야? 그것도 며칠째!"

"그걸 몰라서 물어? 난 열흘 전에 여기 놓였고, 그 후로 꼼짝도 안 하고 여기 있는 거야! 귀찮아서……."

"아유, 모두 엉망진창 난리법석이야!"

"이게 다…… 찰리 때문이야!"

"맞아, 찰리 때문이야!"

"찰리 때문이야!"

찰리는 저도 모르게 얼른 몸을 뒤로 숨겼어요. 장난감들에게 들키면 안 될 것 같았거든요. 자기 방에서 자신이 가지고 놀던 장난감들을 무서워하다니! 찰리의 단짝 친구이면서 라이벌인 잭이 들으면 코웃음을 치며 놀릴 일이겠지만 찰리는 지금 진짜로 두려웠어요.

찰리는 얼른 엄마에게 가서 도움을 청해야 한다는 생각이 들

었어요.

'엄마한테 가자!'

찰리는 마음속으로 힘차게 외치고 침대에서 내려갈 방법을 생각했어요. 침대 옆 책상으로 올라가 열려 있는 서랍들을 계단 삼아 내려가면 될 것 같았어요. 찰리는 침대 난간을 천천히 올라갔어요. 조심조심, 조용조용,
다치지 않게 그리고
들키지 않게.

찰리 때문이야!

이게 웬 난장판?

　힘들게 침대 난간을 타고 겨우겨우 책상에 올라선 찰리는 깜짝 놀랐어요. 어디에 발을 놓아야 할지 알 수가 없었거든요. 무너질 듯 아슬아슬 쌓인 책과 공책들, 대충 던져 놓은 지우개와 자, 그리고 뚜껑이 열린 채 뒹굴고 있는 풀, 무엇보다 뾰족하게 다듬어져 여기저기 놓인 연필들이 매우 위험한 무기 같았어요.

　'어휴, 진짜! 이게 웬 난장판이야.'

　찰리는 저도 모르게 깊은 한숨이 흘러나왔어요.

　'어쨌든 빨리 서랍 쪽으로 가야 해.'

　찰리는 기운을 내서 한 발을 내딛었어요. 하지만 몸이 줄어든 찰리에게 책상 서랍까지 가는 길은 마치 서바이벌 게임 속 위험한 숲과 어지러운 성처럼 느껴졌어요. 찰리는 그 게임 속 주인공인 중세 시대 기사처럼 한 걸음 한 걸음, 조심조심 주위를 살피며 용감하게 걸어 나갔어요. 배를 앞으로 내밀어 뾰족한 연필심을 피하고, 종이에 베일까 살살 움직였어요. 물풀이 쏟아져 고인 물풀 웅덩이에 한쪽 발이 빠질 뻔했지만 발을 번쩍 들어 올려 위험을 면했어요. 땀이 이마에 송골송골 맺히고 등 뒤로 주르륵 흘러내렸어요.

 겨우 중간쯤에 다다르자 눈앞에 높이 쌓인 책더미가 앞을 가로막았어요. 책더미 저 너머에 서랍이 살짝 보였어요. 찰리는 얼른 가고 싶은 마음에 책 옆으로 바싹 다가가 서둘러 나아갔어요.

 그때였어요. 눈앞에 갑자기 툭 튀어나온 날카로운 책 모서리가 눈을 찌를 것 같았어요. 급히 피하려 몸을 돌리는 순간, 아슬아슬하게 쌓인 책들이 와르르 무너져 내렸어요. 찰리는 두 눈을 질끈 감았어요.

"책상 위가 저게 뭐니? 제발 정리 좀 해라. 저 책들 좀 봐! 금방이라도 쏟아져 내리겠어. 너 그러다 다치고 말걸!"

엄마 목소리가 들리는 듯했어요.

'엄마 말을 들을걸.'

마음속으로 깊은 후회가 밀려왔어요.

주위가 조용해지자 찰리는 살그머니 눈을 떴어요. 다행히 무너진 책들은 찰리의 발 앞에 어지럽게 쌓여 있었어요. 다치지 않아 다행이었지만 책이 담처럼 막고 있어서 어떻게 지나가야 할지 막막했어요. 찰리는 눈앞의 책들을 살펴보았어요. 교과서와 지루할 때마다 읽을 거라고 책상에 꺼내 놓기만 하고 읽지 않은 것들이었어요.

찰리는 온몸에 힘을 모아 책을 밀었지요. 거대하고 무거운 나무 문을 밀 듯 힘껏 밀었어요. 책들이 살짝 뒤로 밀리며 작은 틈이 생겼어요. 찰리는 몸을 옆으로 돌려 게처럼 옆 걸음으로 빠져나왔어요. 드디어 찰리 눈앞에 책상 서랍이 보였어요. 바닥을 향해 계단처럼 열려 있는 서랍들 말이에요.

뭐가 잘못된 거지?

책상 서랍을 계단 삼아 조심조심 바닥으로 내려온 찰리는 얼른 방을 빠져나가 엄마 방으로 가려고 했어요. 그런데 이게 웬일일까요?

도무지 문까지 갈 방법이 보이지 않았어요. 평소라면 침대에서 다섯 걸음이면 닿을 거리가 장난감처럼 작아지고 나니 까마득히 멀어 보였어요. 게다가 방은 온통 장난감들이 이리저리 엉켜 있고 쌓여 있어 쉽게 지나갈 수 없었어요. 또 싸우는 장난감, 다친 장난감, 누워서 꼼짝도 하지 않는 장난감, 먼지를 뒤집어쓴 장난감, 활발하게 움직이고 싶어 안달이 난 장난감 등이 뒤죽박죽 엉켜 한 마디로 난장판이었어요.

'어떡하지? 도저히 못 갈 것 같아.'

찰리가 책상다리 뒤에 숨어 첫발도 못 떼고 있는데 어디선가 무시무시하게 큰 소리가 들렸어요.

"모두 비켜! 비키라고! 킬킬 님이 나가신다!"

'킬킬?'

찰리가 소리 나는 쪽을 돌아보았어요. 변신 로봇 킬킬이었어요. 킬킬은 작년 이맘때 찰리가 늘 가지고 놀던 장난감이에요. 가장 아끼고 사랑했던 장난감이죠. 텔레비전 시리즈에 나오는 로봇이었는데 자동차였다가 변신하면 로봇이 돼요. '킬킬'이란 이름은 변신할 때 '킬킬' 소리가 나서 찰리가 지어 준 거예요. 찰리는 반가운 마음에 저도 모르게 "킬킬아!" 하고 부를 뻔했어요. 그런데 킬킬이 등장하면서 장난감들 사이에 소동이 벌어졌어요.

"무법자 킬킬이다! 모두 피해!"

"도망가자!"

잔뜩 겁을 먹은 장난감들이 도망가느라 서로 부딪치고 함께

구르며 난리가 났어요.

'무법자 킬킬이라고?'

찰리는 도무지 이해할 수 없었어요. 킬킬은 악당을 물리치는 변신 로봇이었거든요.

'킬킬이 왜 무법자가 됐지?'

"저리 비켜! 누가 내 앞길을 막는 거야?"

킬킬은 미처 비키지 못한 장난감들을 발로 차고 손으로 밀어내며 방 안을 마구 헤집고 다녔어요.

'도대체 어떻게 된 거지? 킬킬이 저렇게 못된 짓을 하고 있다니……!'

그때, 쿵쿵! 땅을 울리는 발걸음 소리가 들렸어요. 지진이라도 난 것처럼 바닥이 울렸어요. 찰리는 책상다리를 더욱 꽉 끌어안았어요. 그리고 고개를 빼고 살그머니 살펴보니, 킬킬 뒤에 티로가 보였어요!

티로는 찰리가 킬킬을 사기 전에 가장 아꼈던 공룡이에요. 공룡의 제왕이라 할 수 있는 티라노사우루스로 거대한 몸집과 이빨을 가지고 있어요. 생김새만으로도 엄청나게 위협적인 티로가 잔뜩 화난 표정을 지으니 훨씬 더 무서워 보였어요.

'티로가 저렇게 무서운 애였나?'

찰리는 눈을 떼지 못하고 살펴보았어요. 티로는 무서운 표정으로 쿵쿵거리며 킬킬 뒤를 따르고 있었어요. 작고 힘없는 장난감들은 티로와 눈조차 마주치지 못하고 뒤로 숨었어요. 티로는 가끔 "크앙!" 하고 소리쳤어요. 그때마다 장난감들은 귀를 막으며 몸을 떨었어요. 찰리도 떨리는 몸으로 귀를 막아야 했어요.

'이상해! 도대체 뭐가 잘못된 거지?'

하나, 둘, 셋, 뛰어!

찰리는 다리에서 힘이 빠지는 걸 느꼈어요. 킬킬의 무서운 행동과 티로의 무시무시한 소리를 듣자 모든 용기가 사라져 버린 거예요. 아무리 생각해도 이 방을 빠져나갈 수 없을 것 같았어요. 설사 방에서 나가 엄마에게 도움을 청한다 해도, 갑자기 장난감처럼 줄어든 몸이 커질 것 같지 않았어요. 엄청난 실망감이 몰려오자 찰리는 저도 모르게 주저앉고 말았어요.

그때였어요. 갑자기 찰리의 머릿속에 다양한 무술과 권법을 터득한 최고의 여전사 코니가 떠올랐어요. 세상의 모든 권법을 알고 있고, 마법 같은 그 권법들을 모두 해낸다는 어마무시한 소문을 가진 여전사 코니! 코니는 수많은 악당으로부터 반드시 주인을 지켜 준다는 말도 들은 적이 있어요.

코니는 여러 명의 히어로가 나오는 영화의 주인공 중 한 명이에요. 영화를 보고 나오자마자 엄마를 조르고 졸라 겨우 얻어 낸 인형이었어요. 하지만 얼마되지 않아 생일을 맞았고, 그때 많은 장난감을 한꺼번에 선물로 받으면서 코니를 금세 잊고 말았죠. 그런데 이상하게 지금 이 순간, 찰리를 구해 줄 유일한 친구는 코니일 것만 같았어요.

'내가 코니를 어디에 뒀더라?'

찰리는 기억을 더듬어 보았어요.

'장난감 바구니에 있나? 아니야, 책장 선반인가? 그래! 피아노 위에 올려 둔 것 같아!'

찰리는 기운을 내 책상 기둥을 잡고 '영차' 일어섰어요. 그리고 고개를 쭉 빼 피아노 위를 올려다보았어요.

'와, 코니다!'

피아노 위에 코니가 있었어요. 하지만 이 난장판 속에서도 잠을 자는지 코니는 팔짱을 끼고 두 눈을 꼭 감고 있었어요.

"코니야, 일어나! 나를 좀 봐! 제발!"

들킬까 봐 작은 목소리로 불렀어요. 하지만 코니는 꼼짝도 하지 않았어요. 소리가 너무 작아서 못 들었나 싶어 찰리는 용기를 내 피아노 앞까지 가 보기로 했어요.

'해 보는 거야. 하나, 둘, 셋, 뛰어!'

안 돼! 위험해!

마침, 찰리가 만들다 만 블록 성이 책상 가까이 있었어요. 그 주변엔 어떤 장난감도 없었죠. 오로지 블록 조각들뿐이었어요. 찰리는 우선 블록 성 뒤로 달려가 숨었어요.

'휴, 일단 아무한테도 들키지 않았어. 하지만 피아노까지는 아직 멀었어. 다음엔 어디에 숨을까?'

찰리가 주변을 둘러보고 있는데 갑자기 옆에서 요란한 경적 소리가 울렸어요.

"빵빵! 빵빵!"

돌아보니 스포츠카 한 대가 블록 성을 향해 돌진하고 있었어요. 그런데 차는 비틀거리며 이쪽저쪽 왔다갔다 매우 위험하게 달려왔어요. 가만히 보니 바퀴 하나가 바람이 빠져 차가 기울어져 있었어요.

'푸쉭이다! 산 지 얼마 안 돼 바퀴 바람이 푸쉭 빠져서 던져 버렸는데…….'

찰리는 푸쉭에게 들킬까 걱정돼 몸을 더욱 움츠렸어요. 하지만 푸쉭은 찰리를 보지 못한 듯 이리저리 신나게 달릴 뿐이었어요.

'그때 푸쉭의 바퀴를 고쳐 주는 건데…….'

찰리는 한숨을 쉬며 후회했어요.

"야호, 난 바퀴는 세 개 뿐이지만 최고로 빠른 스포츠카다! 우헤헤헤헤 비켜라, 비켜, 빵빵!"

푸쉭이 찰리가 있는 블록 성으로 점점 가까이 다가왔어요. 푸쉭이 블록 성에 부딪치려는 찰나, 찰리는 눈을 꼭 감았어요. 그 순간, 푸쉭이 순식간에 방향을 바꿨어요. 그리고 이번엔 장난감들을 향해 돌진했어요.

"푸쉭아, 조심해!"

"이리 오지 마! 저쪽으로 가!"

"안 돼! 위험해!"

"제발, 조심해!"

방이 워낙 어지러워 사실 푸쉭은 어디로도 갈 수 없는 상황이었어요. 하지만 아랑곳하지 않고 이리저리 마구 돌아다녔어요. 그 바람에 작은 장난감 여러 개가 푸쉭에게 부딪혀 멀리 날아갔어요. 인형 하나는 발을 밟혔고, 작은 로봇은 팔이 빠졌어요. 바람 빠진 공은 더 찌그러졌고, 방에 널려 있는 카드에는 엄청난 바퀴 자국이 났어요.

"아, 정말 못살겠다. 킬킬과 티로가 조용하니까 이번엔 또 푸쉭이네!"

"이게 뭐 하루 이틀이니?"

장난감들이 폭주하는 푸쉭을 피하며 불평을 늘어놨어요.

"모두 엉망으로 섞여 있으니 사고가 안 나는 게 이상한 거지."

"이게 다 찰리 때문이야."

"맞아. 찰리 때문이야."

장난감들이 다시 찰리를 원망했어요. 블록 성 뒤에서 찰리는 몸을 최대한 웅크렸어요. 더 작아지고 싶었어요. 아주 작아져서 장난감들 눈에 절대 띄고 싶지 않았어요.

우릴 기억해?

 시끌벅적한 소음을 뒤로 하고 찰리는 한참 동안 몸을 웅크리고 앉아 있었어요. 무엇을 어떻게 해야 할지 도무지 생각이 나지 않았어요.
 '어쩌다 이렇게 됐지? 왜 이렇게 됐을까?'
 찰리는 슬펐어요. 모든 게 엉망이 되어 버렸어요. 찰리는 아무것도 할 수 없었어요. 하지만 이대로 여기에 있고 싶지는 않았어요. 여기서 벗어나고 싶었어요. 찰리는 다시 한 번 용기를 냈어요.
 '코니에게 가야 해! 뛰자!'
 찰리는 무조건 피아노를 향해 달려갔어요. 누가 알아보든,

누가 뭐라 하든 상관없다고 생각했어요. 코니를 만나면 모든 일이 해결될 것 같았어요. 벗어 놓은 옷들을 지나고, 입을 크게 벌린 괴물처럼 지퍼가 열려 나뒹굴고 있는 가방을 지나고, 어제 읽다 던져 놓은 책의 계단을 넘어 달렸어요.

"옷은 옷장에 걸어야지! 빨아야 할 옷은 세탁 바구니에, 가방은 책상 옆에 꼭 두랬지? 제발 책은 방바닥에 놓지 마라!"

엄마의 잔소리가 찰리의 뒤를 쫓아왔어요.

'으, 그때 엄마 말을 들었어야 했는데……. 엄마 말이 구구절절 다 옳았어!'

찰리는 밀려오는 후회로 가슴이 답답해졌어요. 하지만 멈추지 않고 달렸어요. 피아노에 거의 다가갔을 때, 찰리는 크고 단단한 장애물에 발이 걸려 넘어질 뻔했어요.

"으앗!"

아뿔싸! 티토의 꼬리였어요. 티로가 천천히 고개를 돌렸어요. 찰리는 꼼짝도 할 수 없었어요. 머릿속이 하애졌어요. 티로가 찰리를 보려는 순간, 누가 찰리를 구석으로 휙 잡아끌었어요.

"찰리야, 괜찮아?"

"넌……."

기억은 잘 나지 않았지만 어쩐지 낯설지 않은 인형이었어요. 폭신폭신해 보이는 곰돌이…….

"아, 포포구나!"

"날 기억하다니, 정말 기뻐!"

아기 곰 인형 포포가 찰리를 덥석 끌어안았어요. 먼지가 풍 날렸어요.

"콜록, 콜록!"

"아, 미안, 미안. 내가 먼지가 좀 많지?"

"아니야, 내가 미안해."

찰리가 포포에게 사과했어요. 그 순간, 포포에 대한 기억이 새록새록 떠올랐어요.

"내가 아기였을 때, 네가 없으면 잠을 못 잤어, 맞지? 언제나 너를 꼭 안고 잤지. 여행 갈 때도 널 두고 간 적이 없었어."

포포는 찰리가 자신을 기억하는 것이 마냥 기쁜 듯 볼이 빨개지며 수줍게 웃었어요.

"그럼 혹시 나도 기억해?"

포포 옆에 있던 플라스틱 강아지 인형이 조마조마한 표정으로 찰리를 바라봤어요.

"너……."

찰리가 기억해 내려 애쓰는 사이 더 많은 작고 낡은 인형들이 찰리 주변으로 모여들었어요. 모두 찰리를 향해 따뜻한 미소를 짓고 있었어요.

"우릴 기억해?"

찰리는 왈칵 눈물이 쏟아질 것 같았어요. 마음이 편안해지면서 따뜻한 기억들이 떠올랐어요. 모두 정확하게 기억나지는 않았지만 한때 진심으로 좋아했던 인형과 장난감들이라는 걸 알았어요.

"기억 나. 너는……."

"난 바우야! 네가 걸음마 할 때 나를 끌고 아장아장 걸었지. 그때가 참 좋았는데."

 조마조마하며 자신을 기억해 주기를 기다리던 바우가 결국 못 참고 스스로 자기소개를 했어요. 뒤이어 여러 장난감이 앞다투어 찰리에게 인사했어요.

"나는 핑! 네가 주머니에 넣고 다녔던 팽이야."

"나 쌩쌩이, 기억 나지? 뱅글뱅글 잘 도는 요요!"

"나는 기억하지 못할 거야. 우린 너무 짧게 놀았거든."

작고 오래된 도마뱀 인형이 조심스럽게 말했어요.

"아니, 기억 나. 보라카이에 가족 여행 갔을 때 샀어. 내가 널 얼마나 자랑하고 다녔는데."

찰리의 대답에 도마뱀의 눈가에 눈물이 고였어요.

"날 잊은 줄 알았어."

"사실…… 너희들을 잊고 있었어. 난 자꾸자꾸 새 장난감이 사고 싶었고 그때마다 이전 친구는 잊었거든. 미안해."

찰리의 고백에 포포가 고개를 저었어요.

"아니야. 넌 자라고 있으니까 어릴 때 일을 잊는 게 당연해. 우린 날마다 너랑 즐거웠던 때를 기억하며 지내. 그러면 마음이 따뜻해지거든. 그런데 찰리야, 넌 새 장난감을 너무 자주 사는 것 같아."

"내가 좀 그렇지? 헤헤."

찰리가 순순히 인정했어요.

"내가 장난감을 이렇게 많이 가지고 있는 것도 오늘에서야 알았어."

"그래? 정리를 도통 안하니 모를 수도 있겠구나!"

"그런데 넌 새 장난감하고도 오래 놀지 않더라."

"나도 왜 그러는지 모르겠어. 자꾸 새 장난감이 또 사고 싶어져. 장난감이 점점 늘어나도 새로운 장난감이 나올 때마다 엄마에게 투정을 부리게 돼."

"그렇다면 참는 힘이 필요해. 참는 힘을 기르면 새 장난감을 사지 않아도 재미있게 놀 수 있거든."

"참는 힘? 그게 뭔데?"

"응, 마구 사고 싶거나 먹고 싶은 것 등을 참을 때마다 길러지는 힘이야. 여러 번 참다 보면 하고 싶은 마음이 줄어들게 돼. 참는 힘이 세지는 거지. 그러면 새 장난감을 사지 않아도 괜찮은 거지."

"와, 그럼 나도 참는 힘을 길러야겠어."

"맞아. 새 장난감만 찾지 말고 우리랑도 놀아 줘. 나 아직 꽤 쓸 만하단 말이야."

바우가 말하는 순간 다 낡은 목줄이 뚝 떨어졌어요.

"와하하!"

모두 웃음을 터뜨렸어요. 찰리도 당황스러운 이 상황을 잠시 잊고 모처럼 신나게 웃었어요.

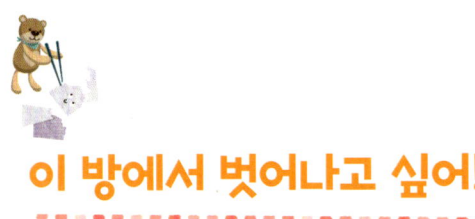

이 방에서 벗어나고 싶어!

"찰리야, 그런데 우리에게 정말 힘든 일이 있어."

포포가 진지하게 말을 꺼냈어요.

"뭔데?"

찰리도 진지한 얼굴로 물었어요.

"우린 이 방에서 벗어나고 싶어."

찰리는 깜짝 놀랐어요. 그건 찰리가 하고 싶은 말이었거든요. 찰리는 지금 마법처럼 작아졌고, 장난감들의 미움을 잔뜩 받고 있기 때문에 당장이라도 이 방에서 나가고 싶었어요. 찰리는 장난감들이 왜 이 방에서 벗어나고 싶은지 알 것 같아 물었어요.

"애들아, 방이 너무 엉망이어서 벗어나고 싶은 거지?"

"응, 나도 내 자리가 있었으면 좋겠어. 편안하게 쉴 수 있는 나만의 공간이 필요해."

"맞아. 나도 늘 한 곳에 편안하게 있었으면……."

"난 네가 던진 옷이 나를 덮치지 않았으면 좋겠어. 너무 답답하거든."

"가위랑 풀이 너무 위험해. 그건 우리랑 다른 곳에 놓아 주면 안 될까?"

"난 누가 나랑 좀 놀아 줬으면 좋겠는데……."

포포가 이야기를 꺼내자 인형들과 장난감들이 서로 누가 먼저랄 것도 없이 속마음을 쏟아 내기 시작했어요.

모두 바로잡을게!

이야기를 듣는 내내 찰리는 인형과 장난감의 문제가 모두 자신으로부터 시작되었다는 생각이 들었어요.

'정말 좋은 친구들이었는데…… 내가 친구들을 힘들게 했어.'

찰리는 마음이 아팠어요. 그리고 몸이 원래대로 돌아간다면 이 문제를 꼭 해결해 주겠다고 약속했어요.

"진짜 미안해. 내가 장난감이랑 옷이랑 책을 아무 데나 던져 놓고 굴러다니게 했어. 정리도 하지 않고 계속 쌓아 두면서 새 것을 사느라 너희들이랑 놀지도 못했어. 모두 내 잘못이야. 원래 내 몸으로 돌아간다면……."

그런데 그때였어요. 크게 울부짖는 소리가 들렸어요!

"크앙!"

"티로다!"

"모두 숨어!"

포포가 찰리의 손을 잡아끌어 더 깊은 구석으로 데려갔어요. 먼지가 쌓여 있어 답답했지만 꽤 안전해 보였어요. 찰리는 자신의 방에 이런 구석이 있을 줄은 전혀 생각도 못했어요.

"티로는 왜 저렇게 됐어? 나랑 놀 때는 저렇게 무서운 애가 아니었는데……."

찰리의 말에 바우가 고개를 저으며 대답했어요.

"킬킬이 오면서부터야."

"킬킬?"

"응, 찰리 네가 킬킬이 오면서부터 티로와 안 놀았잖아. 그때부터 엄청 사나워졌어. 저렇게."

티로가 울부짖으며 뭔가 찾는 듯 두리번거리고 있었어요. 티로의 무서운 눈빛을 보며 찰리는 깨달았어요. 킬킬이 온 후로는 티로가 어디에 있는지조차 모를 정도로 까맣게 잊고 있었다는 사실을요.

"그런데 킬킬도 코니가 온 후로 너에게 버림을 받았지. 그후 둘이 저렇게 한패가 되어서 못된 짓만 골라서 하고 다녀."

"그럼 킬킬도……."

찰리는 코니가 온 후로 킬킬도 잊고 있었다는 걸 깨달았어요. 그 후, 코니도 얼마 안 되어 피아노 위에 놓고는 다시 찾은 적이 없었어요.

"이건 뭔가 잘못됐어."

찰리가 고개를 저으며 말했어요.

"크게 잘못됐지. 찰리야, 네가 그걸 알아주길 얼마나 바랐는지 몰라."

인형과 장난감 친구들의 간절한 눈빛을 보며 찰리는 고개를 끄덕였어요.

"바로잡을게. 약속해."

인형과 장난감 친구들의 얼굴에 빛처럼 환한 미소가 번졌어요. 모두 "와!" 하고 소리를 지르고 싶었지만 티로에게 들킬까 봐 겨우 참아야 했어요.

우리가 지켜 줄게!

"그런데 난 지금 코니가 필요해."

"코니는 저기 피아노 위에 있어."

"알아. 그런데 저기까지 어떻게 가야 할지 모르겠어."

"티로와 킬킬을 만나지 않고 저기까지 가는 건 어려워."

"맞아. 푸쉭도 언제 어디서 나타날지 모르고."

"게다가 코니는 절대 눈을 뜨지 않아. 네가 저기 놓고 간 후로 한참은 매일 너를 기다렸어. 하지만 계속 자기를 찾지 않자 저렇게 눈을 감고는 한 번도 뜨지 않았어."

"굉장하지. 그렇게 긴 시간을! 저것도 코니가 터득했다는 권법 중 하나일지 몰라."

찰리는 코니를 올려다보았어요. 코니의 외로움과 아픔이 느껴졌어요. 그때, 도마뱀이 눈빛을 반짝이며 말했어요.

"찰리가 코니를 부르면 되잖아!"

"안 돼. 그럼 킬킬과 티로가 먼저 달려올걸."

바우가 고개를 저으며 말했어요. 하지만 도마뱀은 포기하지 않았어요.

"코니가 찰리를 도와주러 올 때까지 우리가 찰리를 지켜 주면 돼."

"그럼 너희들이 위험할 텐데……."

찰리의 말에 인형과 장난감들이 다짐한 듯 빙긋 웃으며 천천히 찰리를 에워쌌어요. 마치 성벽을 쌓듯이 말이에요.

"그거라면 걱정 마. 우리가 할 수 있어."

"우리가 널 지켜 줄게."

"맞아. 예전에 그랬던 것처럼."

"네가 땅꼬마였을 때 내가 늘 널 지켜 줬어. 기억 안 나겠지만 말이야."

"오랜만에 아주 신나는걸. 내가 찰리를 다시 지켜 줄 수 있다니!"

찰리의 눈에 눈물이 고였어요.

"고마워, 친구들."

"친구?"

"그래, 우린 여전히 네 친구지?"

포포가 두 팔로 찰리를 안으며 말했어요.

"맞아, 너희들은 언제나 내 친구야. 고마워."

찰리도 포근한 포포의 머리에 자신의 머리를 기대며 대답했어요.

"자, 그럼 시작한다!"

찰리에게 손대지 마!

"코니! 코니! 여기를 좀 봐, 나 찰리야!"

찰리라는 말에 방 안의 모든 장난감들이 돌아보았어요. 모두 무서운 눈빛이었어요. 간혹 다정한 눈빛도 몇몇 있었지만 대부분 원망과 불평이 가득 담긴 눈빛이었어요. 하지만 코니는 눈을 뜨지 않았어요.

'너무 멀어서 못 들은 걸까?'

찰리는 후읍 크게 숨을 들이쉬었어요. 그리고 더 큰 목소리로 코니를 불렀어요.

"코니야! 눈을 떠! 나 찰리라고!"

그때, 킬킬이 달려왔어요.

"찰리가 여기 있다고? 찰리가?"

그 뒤로 티로도 쿵쿵거리며 달려왔어요.

"내가 아까 찰리를 봤다고 했지? 하지만 아주 작던데 진짜 찰리가 맞단 말이야?"

푸쉭도 정신없이 달려왔어요.

"찰리야, 작아졌다면 널 태워서 멀리 가 주마! 내 운전 실력을 보여 주지!"

킬킬과 티로, 푸쉭이 다가오는 소리에 찰리도, 찰리를 에워싸고 있는 인형과 장난감들도 긴장돼 온몸이 뻣뻣해졌어요.

"찰리야! 당장 나와! 나랑 다시 놀자고! 내가 엄청 재미있게 놀아 줄게! 엉!"

티로와 킬킬의 목소리가 매우 위협적이었어요. 찰리는 너무 떨려 오줌이 다 마려웠어요. 하지만 인형과 장난감 친구들은 다가오는 킬킬과 티로에 맞서기 위해 서로 팔짱을 끼고 붙어 서서 단단한 방어막을 세웠어요. 친구들의 모습을 보니 찰리도 용기가 생겼어요.

"코니야, 도와줘! 제발!"

찰리가 목이 터져라 외쳤어요.

"으하하하. 찰리!"

킬킬과 티로가 찰리에게 손을 뻗는 순간,

"찰리에게 손대지 마!"

여전사 코니였어요!

"코니!"

코니가 드디어 눈을 뜨고 찰리를 구하기 위해 나선 거예요!

마법의 여전사, 코니!

　코니가 몸을 쭈욱 펴고 잽싸게 바닥으로 훌쩍 내려오자 그 당당함과 기백에 킬킬과 티로도 움찔했어요. 정신없이 달려오던 푸쉭도 제자리에 멈췄죠. 하지만 이대로 물러설 킬킬이 아니에요. 킬킬이 코니 앞으로 천천히 다가갔어요. 모든 장난감들이 숨을 죽이고 둘을 바라보았어요. 찰리는 숨조차 제대로 쉴 수가 없었어요.

　"코니야, 찰리는 너를 버렸는데 네가 이제 와서 찰리를 지키겠다고?"

　찰리는 눈을 질끈 감았어요.

　"찰리는 나를 버린 게 아니야. 다른 친구랑 더 잘 놀 뿐이지."

"그게 그거 아니야? 너를 이 난장판 소굴에 던져 놓았어. 아무렇게나 버려뒀다고. 그런데도 넌 지금 찰리를 지키겠다는 거야?"

"당연하지. 한 번 친구는 영원한 친구니까!"

킬킬이 먼저 코니에게 달려들었어요. 하지만 코니가 재빠르게 발을 뻗어 킬킬을 막아 냈어요. 코니의 파워가 얼마나 셌던지 킬킬이 뒤로 쭈욱 밀려나며 무릎을 꿇었어요. 그러자 이번에는 티로가 씩씩거리며 코니에게 덤벼들었어요.

"캬아!"

하지만 코니가 한 발 빨랐어요.

눈 깜짝할 사이에 티로의 뒷발이 모두 묶여 있었죠. 킬킬 하고 같이 말이에요.

"캬아? 이게 어떻게 된 거야?"

"뭐야? 날 풀어 줘! 코니!"

킬킬과 티로는 거칠게 몸부림을 쳤지만 그럴수록 줄이

꽉 조여 왔어요.

"코니, 이게 뭐야? 친구들 앞에서 창피하게!"

킬킬은 한층 부드러운 목소리로 애원했어요. 하지만 코니의 목소리는 단호했어요.

"이곳이 정리될 때까지 그대로 있어 줘. 그동안 너희의 못된 행동을 여기 친구들이 힘들게 견뎠잖아. 이 정도는 너도 견뎌야지."

코니의 말에 킬킬과 티로가 고개를 푹 숙였어요. 장난감 친구들은 환호성을 질렀죠.

"와!"

코니가 찰리에게 다가왔어요. 그리고 손을 내밀었죠. 찰리는 와락 다가가 붙잡고 눈물을 흘렸어요.

"코니야! 미안해. 흑흑!"

"아니야. 오랫동안 널 기다렸어. 네가 우리를 다시 돌아봐 줄 때까지 말이야. 와 줘서 고마워."

코니가 찰리를 꼭 안아 주었어요.

마법같은 정리 권법

"그런데 어떻게 해야 할지 모르겠어. 난 이렇게 작아져 버렸고, 방은 난리고……."

찰리가 풀 죽은 목소리로 말했어요. 그러자 코니가 웃으며 명쾌하게 대답했어요.

"걱정 마. 다 방법이 있어. 내가 이 방의 문제를 해결할 놀라운 정리 권법을 알고 있거든."

"놀라운 정리 권법?"

장난감 친구들이 모두 한목소리로 물었어요.

"그래. 찰리가 배우면 이 방도, 우리의 생활도 달라질 거야."

"정말? 찰리야, 제발 정리 권법을 배워 봐!"

장난감들의 눈에 기대와 소망이 가득 차 있는 걸 보자, 찰리는 잘해 보고 싶은 마음이 가득 차올랐어요.

"좋아! 배울게. 코니야, 나에게 알려 줘."

"먼저 동작과 함께 주문을 외쳐보자. 자, 한다! 버리고 나누고 채워라! 끼리끼리, 착착착!"

코니가 팔을 들어 버리고 나누고 채우는 동작을 해 보이자, 찰리가 동작과 함께 큰 소리로 따라 했어요.

"버리고 나누고 채워라! 끼리끼리, 착착착!"

이번엔 장난감들도 눈을 반짝이며 동작과 함께 한목소리로 따라 했어요.

"버리고 나누고 채워라! 끼리끼리, 착착착!"

코니가 웃으며 찰리를 돌아보았어요.

"주문은 쉽지? 이번엔 주문대로 해 보는 거야."

"좋았어. 해 볼게. 가르쳐 줘, 코니."

찰리가 두 팔을 걷어붙이며 나섰어요. 장난감 친구들도 돕겠다고 나섰어요.

"첫 번째, 버리기!"

"이 방엔 다시 고칠 수 없을 정도로 고장 나고 쓸모없는 장난감들이 많아. 그건 잘 버려 주는 게 도와주는 거야."

찰리가 주변을 돌아보니 이미 고장 나 아무렇게나 나뒹굴고 있는 장난감들이 많았어요. 깨진 블록 조각, 찢어진 카드, 어디에서 떨어졌는지 알 수 없는 장난감 조각들! 찰리와 장난감 친구들이 힘을 합쳐 버려야 할 것들을 한쪽에 모았어요. 포포

는 날카롭고 위험해 보이는 것을 집게로 주웠어요. 무거워 들기 힘든 것은 킬킬과 티로도 힘을 모아 옮겼어요. 그리고 코니는 주문만으로도 물건을 슉슉 옮기곤 했어요.

"두 번째, 나누기!"

"이 방엔 찰리는 가지고 놀지 않지만 누군가에게는 꼭 필요한 친구가 될 수 있는 장난감이 아주 많아."

코니가 장난감 친구들을 돌아보며 물었어요.

"너희를 사랑해 주고 함께 놀아 줄 새 주인을 찾고 싶은 친구들, 이쪽으로 모여!"

장난감들은 찰리의 눈치를 보는지 선뜻 움직이지 못하고 망설였어요.

찰리가 나섰어요.

"얘들아, 나도 너희들이랑 헤어지는 건 슬퍼. 하지만 너희들을 아끼고 사랑해 줄, 나보다 더 좋은 친구를 만날 수 있다면 나도 좋을 거 같아."

찰리의 말에 많은 장난감이 기뻐하며 코니 쪽으로 모였어요.

그중엔 포포와 바우도 있었어요.

"찰리야, 너와의 즐거웠던 추억을 절대 잊지 않을 거야. 하지만 또 다른 친구를 달래고 지켜 줄 수 있다면 그것도 좋을 것 같아."

"나도 마찬가지야. 더 고장 나기 전에 아장아장 걸음마 하는 친구 옆에서 함께 걸어 줘야지. 하지만 너랑 걸었을 때가 최고로 좋았어."

찰리는 바우와 포포를 꼭 안아 주었어요.

"절대 잊지 못할 거야."

"찰리야, 잘 지내!"

찰리는 눈물이 나려는 걸 꾹 참았어요.

"세번째, 채우기!"

"마지막으로 남아 있는 장난감들을 끼리끼리 나눠 제자리에 착착착 채워 넣으면 돼."

코니의 말에 찰리가 물었어요.

"끼리끼리 어떻게 나눈다는 거야?"

"여러 가지 방법이 있어. 네가 자주 가지고 노는 장난감끼리, 가끔 가지고 노는 장난감끼리 채워 넣거나, 아니면……."

"로봇은 로봇끼리, 공은 공끼리."

찰리가 생각난 듯 말했어요.

"맞아. 그것도 좋은 방법이다."

"큰 애들은 큰 애들끼리, 작은 애들은 작은 애들끼리, 크기에 따라 정리하는 건 어때?"

"그것도 괜찮은데!"

"이건 어때? 킬킬이나 티로처럼 성질이 나쁘고 무시무시한 애들끼리, 우리처럼 순한 애들끼리."

핑의 말에 많은 장난감 친구들이 동의했어요.

"하하하! 그것도 좋은 생각이네."

"야아, 우리도 너희랑 있는 거 별로거든!"

가만히 듣고 있던 킬킬이 한 마디 했어요. 그러자 티로가 고백하듯 불쑥 말했어요.

"아니야, 난 사실 핑이나 도마뱀하고 있고 싶어. 나 알고 보면 순한 공룡이라고. 알잖아, 찰리!"

"잘 알지. 넌 원래 순한 육식 공룡이야. 크아앙~!"

"하하하!"

찰리의 말에 모두 웃음을 터뜨렸어요. 티로와 킬킬까지요.

"찰리야, 어떻게 할 거야?"

"음, 일단 종류별로 나누어 놓고 내가 자주 가지고 노는 장난감은 따로 정리해 놓을래. 그 다음엔 다시 또 생각해 볼게."

"좋았어. 그럼 한번 해 봐."

찰리는 남아 있는 장난감들 앞으로 갔어요.

"자주 놀아 주지 못해 미안해. 하지만 가끔은 꼭 놀아 줄게."

찰리가 가끔 가지고 노는 장난감 친구들에게 자리를 정해 주자 장난감들이 움직였어요.

"괜찮아, 난 내 자리에서 편히 쉬면서 기다릴게."

"엉망으로 섞여 있지 않고 나만의 공간이 생겨서 좋아. 찰리야, 고마워."

"휴, 이제 좀 편히 살겠네."

장난감들이 각자의 자리에 끼리끼리 착착착 들어가면서 무척 행복해 했어요.

"찰리야, 나를 버리지 않고 자리까지 정해 줘서 고마워. 친구들아, 그동안 심통부려서 미안하다."

킬킬이 서랍 안으로 들어가며 사과를 했어요.

"티로야, 제일 편한 네 옆에 있고 싶지만 난 로봇이니까 로봇 칸으로 갈게. 잘 지내. 그동안 고마웠어."

킬킬의 말에 티로가 손을 흔들어 주었어요.

"이제 남은 장난감들은 자주 가지고 노는 거니까, 이 바구니에 넣어서 침대 바로 옆에 둘래."

찰리가 커다란 장난감 바구니를 가리키자 핑을 비롯해 요즘 가지고 놀던 장난감들이 바구니에 착착착 들어갔어요.

"우아, 벌써 정리가 엄청 많이 됐는걸!"

코니가 찰리를 칭찬해 주었어요. 찰리는 어쩐지 허리가 꼿꼿해지고 어깨에 힘이 들어가는 것 같았어요. 스스로 자랑스러워서 말이에요. 장난감 친구들도 모두 행복해 보였어요. 각자의 자리에서 찰리에게 손을 흔들어 기쁨을 표현해 주었어요.

그때 코니가 찰리 몰래 조용히 주문을 외웠어요.

"찰리야! 커져라, 커져라, 얍!"

최고수 정리 유단자

"코니야, 이제 다음은 뭐야?"

"장난감들은 정리가 아주 잘 되었어. 남은 건 뭘까?"

찰리가 방 안을 둘러보았어요. 자리를 잡지 못하고 남아 있는 건 가위, 풀 등의 문구류와 벗어 던진 옷들, 읽다 만 책들이었어요.

"사실 엄마가 늘 하던 말씀이 있어. 난 잔소리라고 언제나 흘려들었지만……."

"그게 뭔데?"

"찰리야, 빨아야 할 옷은 빨래 바구니에, 더 입을 수 있는 옷은 옷장에 넣으라고 했지? 학용품은 학용품 서랍에, 가방은 책상 옆에 놓아야 하는 거야!"

찰리가 엄마 흉내를 내자 코니가 웃으며 말했어요.

"바로 그거야! 할 수 있겠지?"

"물론이야. 이제부터 학용품과 책상을 정리할게. 버리고 나누고 채워라! 끼리끼리, 착착착!"

코니가 자랑스럽다는 듯 엄지손가락을 척 올렸어요. 찰리는 잘할 수 있을 것 같았어요.

찰리는 먼저 방바닥에 흩어져 있는 학용품들을 모두 모았어요. 그리고 거의 다 쓰거나 고장 나서 쓰지 못하는 것들은 버리는 봉투에 담았어요.

"부러진 색연필, 녹슨 가위, 쓸 수 없을 정도로 조각난 지우개, 다 쓴 딱풀. 내가 왜 이런 걸 그냥 두었지?"

그리고 아직 쓸 수 있는 학용품과 책들은 책상에 올려놓았어요. 책상에 정리할 것이 수북해졌어요.

"이 정도 쯤이야. 난 잘할 수 있어. 버리고 나누고 채워라! 끼리끼리, 착착착!"

유치원 때 생일 선물로 받았던 작은 크레용과 초등학교에 입학할 때 이모에게 선물받은 색연필을 비롯해 지금은 쓰지 않는 것들은 필요한 친구들에게 나눠 주기 위해 작은 상자에 담았어요. 그러자 늘 공간이 부족해 정리할 수 없었던 학용품 넣을 자리가 충분히 생겼어요. 현재 사용하는 학용품은 책상 서랍에 끼리끼리 착착착 정리하기 시작했어요. 찰리는 갈수록 자신감이 생겼어요.

"연필은 연필꽂이에 끼리끼리 착착착! 책이랑 공책은 책꽂이에 끼리끼리 착착착! 이건 어때? 자주 쓰는 교과서랑 만날 읽는 책은 아래층에, 자주 안 보는 책은 위층에!"

"진짜 멋진 생각이야! 그건 최고수의 정리 유단자들이 사용하는 권법인걸!"

빨래는 빨래 바구니에!

"정말?"

코니한테 칭찬을 받자 찰리는 뛸 듯이 기뻤어요. 그리고 정리하는 일이 장난감을 가지고 놀거나 게임하는 것처럼 재미있게 느껴졌어요.

마지막으로 옷은 빨래 바구니와 옷장에 나눠서 정리했어요. 옷까지 정리를 마치자 찰리의 방이 마치 딴 방처럼 보였어요. 몰라보게 깔끔해졌고, 깔끔한 방을 보자 이상할 정도로 마음이 편안해졌어요.

"굉장한데!"

찰리가 자신의 방을 둘러보며 말했어요.

"내 방이 이렇게 넓었나?"

"하하하하! 하하하!"

머리를 긁적이며 좋아하는 찰리를 보고 코니와 장난감 친구들이 얼굴을 내밀고 모두 크게 웃었어요.

그 순간, 찰리는 깨달았어요. 자신의 몸이 원래대로 돌아가 있다는 것을요. 그런데 찰리가 그 사실을 깨달은 순간, 장난감 친구들도 원래의 장난감으로 돌아갔어요.

"찰리야, 잘했어. 넌 이제 정리 박사야. 정리 권법의 최고수가 된 거야!"

코니가 웃으며 말했어요.

"난 이제 정리 권법이 필요한 다른 친구들을 도와주러 떠날 거야."

"뭐라고? 떠난다고?"

"응, 하지만 네가 필요로 할 땐 언제든지 달려올게."

찰리는 코니를 떠나보내야 하는 게 무척이나 아쉬웠어요. 하지만 자신처럼 정리 권법이 필요한 친구가 있을 거라 생각하니 보내 주어야 한다는 마음이 들었어요. 찰리는 마지막으로 코니를 두 손으로 안아 들었어요. 그리고 눈을 마주보며 말했어요.

"코니야, 고마워. 네가 가르쳐 준 정리 마법을 절대로 잊지 않을게."

찰리는 코니를 힘주어 꼭 안았어요. 그러자 코니가 조용히

노래를 불렀어요.

> 놀라운 정리 마법, 코니 따라 착착착!
> 버리고 나누고 채워라! 끼리끼리, 착착착!
> 너도 나도 정리 박사, 우리 모두 정리 박사
> 정리 습관 바꿔 보자. 바로바로 정리하자!
> 버리고 나누고 채워라! 끼리끼리, 착착착!
> 버리고 나누고 채워라! 끼리끼리, 착착착!

노래를 마치자 찰리도 정리 마법 주문을 크게 외쳤어요.
"버리고 나누고 채워라! 끼리끼리, 착착착!"

누구세요?

갑자기 문이 열리고 엄마가 들어왔어요.

"엄마!"

찰리는 엄마에게 달려가 안겼어요. 그런데 엄마의 표정이 아주 이상했어요. 찰리의 방을 둘러보더니 멈칫하며 눈을 크게 뜨고 물었어요.

"여긴 어디니? 넌 누구세요?"

"엄마!"

이번에는 엄마가 이상해진 건 아닌지 걱정하며 얼굴을 살피는데 엄마가 찰리를 꼭 끌어안으며 외쳤어요.

"세상에! 이런 마법 같은 일이 벌어지다니! 우리 찰리 방이

너무너무 깔끔해졌네! 믿을 수가 없어."

엄마는 찰리를 꼭 안고 아빠에게 외쳤어요.

"여보, 찰리 방 좀 구경 와 봐요. 세상에, 얘가 벌써 철이 들었나 봐요! 정리를 아주 잘했네요, 여보!"

그때, 엄마에게 꼭 안겨 어리둥절한 찰리의 눈과 창문가에 서 있던 코니의 눈이 마주쳤어요. 순간 찰리는 보았어요. 코니가 멋지게 윙크하는 것을요. 찰리도 코니에게 멋지게 윙크를 날려 주었어요.

그러자 코니가 창문 밖으로 사라졌어요.

찰리는 엄마 품에서 빠져나와 당당히 말했어요.

"엄마, 이제 전 마법 같은 정리 권법을 쓰는 최고수 유단자, 정리 박사라고요! 히얍!"

버리고 나누고 채워라!
#꼬마농부 착착착!

2019년 4월 25일 초판 1쇄 인쇄
2019년 4월 30일 초판 1쇄 발행

펴낸이 김영애
저 자 정경자 · 박수경
그 림 이현주
편 집 김경숙 · 윤수미
디자인 에듀웰
마케팅 이문정
펴낸곳 SniFactory (에스앤아이팩토리)

등 록 제2013-000163(2013년 6월 3일)
주 소 서울시 강남구 삼성로 96길 6 엘지트윈텔1차 1402호
www.snifactory.com / dahal@dahal.co.kr
전화 02-517-9385 / 팩스 02-517-9386

ⓒ 2019, 정경자 · 박수경

ISBN 979-11-89706-75-3

값 12,000원

다흘미디어는 SniFactory (에스앤아이팩토리)의 출판 브랜드입니다.

이 책은 저작권법에 따라 보호받는 저작물이므로 무단전재와 무단복제를 금지하며, 이 책 내용의 전부 또는 일부를 이용하려면 반드시 저작권자와 SniFactory (에스앤아이팩토리)의 서면동의를 받아야 합니다.